तलाश

कृति कुलश्रेष्ठ

BookLeaf Publishing

India | USA | UK

तलाश © 2024 कृति कुलश्रेष्ठ

All rights reserved.

No part of this publication may be reproduced, stored in a retrieval system, or transmitted, in any form or by any means, electronic, mechanical, photocopying, recording or otherwise, without the prior written permission of the presenters.

Kriti Kulshrestha asserts the moral right to be identified as the author of this work.

Presentation by *BookLeaf Publishing*

Web: www.bookleafpub.com

E-mail: info@bookleafpub.com

ISBN: 9789360948399

First edition 2024

मेरी प्रिय माँ, स्वर्गीय श्रीमती रेणु कुलश्रेष्ठ, जिन्होंने हमेशा बेशुमार प्यार दिया, ख़याल रखा और रक्षा करी।

दिल को छू जाने वाली मुस्कुराहट से हमेशा लोगों का दिल जीता, उनकी ज़िंदा-दिली, ज़िंदगी से जीतने के जज़्बे के नाम ये मेरी किताब।

आभार

मेरे परिवार के सदस्य, मित्र जिन्होंने मुझ पर हमेशा यक़ीन रखा और सबसे ज़्यादा मेरे पापा श्री. पंकज कुलश्रेष्ठ जिन्होंने हमेशा हौसला अफ़ज़ाई करी मेरे लिखने की ।

मेरे हमसफ़र श्री कुमार श्रेयस जिनको शुरू से यक़ीन है मेरे अनोखे अन्दाज़ पर, जो हमेशा मुझे सहयोग, एक नया नज़रिया और हौसला देते हैं ।

प्रस्तावना

ये किताब कुछ कविताएँ, कुछ शायरी, रिश्तों को लेके, कुछ ज़िंदगी के पहलू को मेरे नज़रिए से बताया गया है।

जब हम गम में होते हैं किसी अपने के जाने के बाद और वक़्त के साथ हालात बदलते हैं और ज़िंदगी, दोस्त, प्यार आपको आगे बढ़ाता है और बदलाव लाता है।

ऐसे ही ये लिखी गई है, गम से लेके ज़िंदगी के कुछ पहलुओं पर और आख़िरी में तलाश, तलाश अपनी ख़ुशी की।

काश ...

काश वो दिन भी आये।।

काश वो दिन भी आये,

जब तकिये पे लगा के सर,

एक प्यारी सी सुबह आये,

तेरे प्यार की लोरियों से पेट यूं ही भर जाये,

तेरे गोदी में रख के सर हमें यूँही झपकी आ जाये,

काश वो दिन भी आये...

जब तेरे होने पे मुझको यकीन आये,

दूसरों की फ़िक्र तो हम करते हैं,

तू मेरी करने आये ...

अपने आँचल में मुझे फिर से ओढ़ लेना,

कि दुनिया फिर न छू पाये,

तेरे प्यारी सी हँसी अभी भी याद आती है माँ,
जब भी हम मुस्कुराएं ...
बस अपने पहलू में रखना,
और एक वादा करना कि,
इस बार कभी आप छोड़ के न जाएँ,
इस बार कभी आप छोड़ के न जाएँ,
काश एक दिन ऐसा भी आये ॥

दिवाली

आज फिर तुम्हारी याद आई है मां,
एक तस्वीर को देख के पिछले कितने पल याद आए हैं,
एक तस्वीर जाने कितने पहलू पिरो देती है,
यादों के समुंदर में डुबो देती है,
याद है मुझे वो रात दिवाली वाली
अमावस की रात और तुम्हारे गालों पे
प्यार की लाली
पटाखों के शोर से पूरा घर थरथराया था
और बस तुम्हारी मुस्कान से
सारा आंगन खिल आया था,
'ज़रा संभल के चलाना पटाखे' ये तुमने आवाज़ देके
बताया था ।।
आज वही शाम याद आई है,
मां एक बार फिर वही दिवाली मनवा दो,
वही दिवाली वाला दिन जगमगा दो ...
वो दिवाली वाली रात फिर जगमगा दो,
वो दिवाली वाली रात फिर मना दो ।

मुस्कुराहट

अक्सर हम यूँही खो जाते हैं,
सदा हँसने वाले ही अक्सर गम को समझ पाते हैं,
हमने देखा है दर्द में मुस्कुराने का एहसास,
इसलिए किसी और की मुस्कान के पीछे का दर्द समझ
पाते हैं।
अक्सर सदा मुस्कुराने वाले ही गम को छुपाते हैं।

मेरे पापा

हर पल जो सिखाने की चाह रखते हैं,
पल में गुस्सा और पल में शांत हो जाते हैं
वो हैं मेरे पापा ।।

हर दम जो मुस्कुराते हैं,
जीवन का रस जो सबको समझाते हैं
वो हैं मेरे पापा ।।

हर बात में जो एक नई बात बताते हैं
इस दुनिया को सच्चाई से चलाते हैं
वो हैं मेरे पापा ।।

झूठ, मक्कारी, छल, आलसपन से बड़ा घबराते हैं,
इसी सब से दूर वो हमको भी ले जाते हैं ,
जीवन का रस समझाते हैं ।।

मेरे शाहरुख़ वही हो जाते हैं
जब पल-पल "मैं हूँ ना" की रट लगाते हैं
मेरे पापा ॥

सबको सत्य का पाठ पढ़ाते हैं,
कोशिश होती है हर बच्चे को बनाने की
इसलिये अब ट्यूशन भी पढ़ाते हैं
मेरे पापा ॥

साथ हैं ज़िन्दगी में जैसे साँस की तरह,
जीवन में कभी कठनाई न होने देंगे यही
गुण वो गाते हैं ,
जीवन का रस समझाते हैं ॥

सभी की परेशानी दूर करने का बीड़ा वो उठाते हैं,
मुस्कुराते देख उनको
हमको वीरता के किस्से सुनाते हैं ....
जीवन का रस समझाते हैं ॥

मेरे प्यारे पापा
इतनी परेशानियों के बाद भी,
खूब मुस्कुराते हैं ॥
बस हमारी ख़ुशी में खुश हो जाते हैं ...

कुछ पल साथ में बिताये दुनिया भर में सुनते हैं...
जीवन का रस समझाते हैं ॥

संगीत से खुश हो जाते हैं,
खुद ही गुनगुनाते हैं,
फिर मुस्कुराते हैं,
ऐसे ही हर पल को "seize" करना चाहते हैं
जीवन का रस समझाते हैं ...
मेरे पापा ॥

ख़्वाब

ख़्वाब तो ख़्वाब होते हैं,

उन्हें पूरे करने का ख़्वाब कहाँ होता है,

ख़्वाब तो ख़्वाब होते हैं,

उन्हें पूरा करने का जज़्बा किस में होता है,

ख़्वाब तो ख़्वाब होते हैं,

उन्हें सपनों से हकीकत में लाने में,

खून पसीना ही नहीं,

अपने माँ-बाप का आशीर्वाद भी होता है ।

दुआएँ

ऐ दोस्त क़िस्मत पर न डालो

मेरी कामयाबी को,

ऐ दोस्त क़िस्मत पर न डालो

मेरी कामयाबी को,

ये तो मेरी माँ कि दुआओं का असर है,

जो इतने सालों में भी झलकता है,

वरना हर कोई नग पहन के क़िस्मत बदल रहा होता,

गम न करना उनके जाने का,

गम न करने उनके जाने का,

क्योंकि वह तो मेरी दिल में ही बसती हैं।।

सलाह

सलाह मशवराह कभी हमसे भी कर लिया करो

सलाह मशवराह कभी हमसे भी कर लिया करो

प्यार न सही, थोड़ा एसे ही मुस्कुरा दिया करो,

प्यार न सही, बस एसे ही मुस्कुरा दिया करो,

आम सी है हमारी ज़िंदगी,

आम सी है हमारी ज़िंदगी,

हम यूहीं खुश हो जाएँगे,

अरे तुम बस हमें देख के मुस्कुरा दिया करो,

हम बस यूहीं खर्च हो जाएँगे,

भूले भटके कुछ सलाह मशवराह

हमसे भी कर लिया करो।

नाराज़गी

खुश हूँ आज कि आज मेरी नाराज़गी
देख कर तूने बूँदों की बरसात कर दी,
ये बूँदें को प्यारा सा एहसास लाई हैं,
हो कोई नाराज़ तो मना लेंगे,
पर तू कभी नाराज़ न होना ज़िंदगी।

शॉल

माँ की शॉल में आनंद बड़ा आता था,
होती थी ऊन कुछ वूलन कुछ मिक्स
फिर भी गरमाहट पूरी देता था,
जब होता था थोड़ा जुकाम
तो माँ के आँचल में यूँही आँख लग जाती थी,
वह शॉल तो आज भी है वहाँ
मगर माँ के बिना उसमें वह बात कहाँ।
ऐ दोस्त कभी तुम्हें हो कभी,
जुकाम या ख़ासी तो बस माँ की शॉल में
अपना सर रख देना,
उनके हाथ रखने से ख़ासी तो क्या

cough भी दूर भाग जाएगा,
यही है माँ कि दुआओं का असर
यही है माँ की शॉल का असर॥

संघर्ष

सफलता की सीढ़ी तो सब चाहते हैं,
मगर डगमग राह पे साथ कौन देगा।
जब आगे बढ़ने की आस देखी तो
कुछ अपनों ने ही हाथ रोका,
सफलता की सीढ़ी तो सब चाहते हैं....
मासूम थे मेरे भी सवाल उस मासूम उम्र जैसे (२)
पर उन सवालों के जवाब आज तक नहीं मिले,
माना ख्वाहिशें बहुत थी इन आंखों में (२)
मगर इसको पढ़ना किसी ने न सीखा,
अक्सर रो जाता था हंसते हुए (२)
मगर उन भीगी पलकों को किसी ने न देखा,

आज मेरे भी कुछ ख्वाब हुए हकीकत में (२)

काश उन चुनिंदा लोगों ने भी विश्वास करना सीखा होता,

काश उन चुनिंदा लोगों ने भी विश्वास करना सीखा होता,

कुछ डगमगाते हुए,

हाथ तो थामा किस्मत की उन लकीरों ने,

जिससे मेरा भी नाम आज गुलज़ार हुआ

जिससे मेरा भी नाम आज गुलज़ार हुआ ॥

सोच से आगे

मुझे अब अपने ख्यालों में मत जकड़ो,

मुझे अपनी सोच में मत तोलो,

बहुत आशाएँ हैं मुझे अपने से,

अपने प्यार के कुछ शब्दों से

मुझे हौसला दो..

अब बहुत हुआ ऐसी सोच से मेरा तिरस्कार,

कुछ बात समझकर,

इन ख्वाब्बो के परिंदों को चहचहाने दो,

मुझे अब उड़ने दो, मुझे मेरा नाम रोशन करने दो ।।

समझदारी

मैं सब समझने जो लगी हूं,

ये मत समझना मैं mature होने लगी हूं,

माना इंसान का दर्द मुझे थोड़ा जल्दी दिख जाता है,

मगर इसका मतलब नहीं कि मैं बड़ी होने लगी हूं,

हां, मैं समझदार होने लगी हूं।

अक्सर मासूम शक्ल देख के लोग मुझे हल्के में के लेते हैं

(२)

मगर इंसान की परख मैं करने लगी हूं,

हां, मैं अब समझदार होके समझने लगी हूं।

कोरोना

फ़क्र है मुझको उन नौजवानों के लिए,
जो मैदान-ए-जंग में उतरे हुए हैं,
ये एक ऐसी लड़ाई है जिसको सब
ख़तम करने में डटे हुए हैं।।
फ़क्र है मुझको उन वीरों के लिए,
जो घर परिवार छोड़ के,
इलाज किये जा रहे हैं,
बेपरवाह हों जैसे #corona के virus से।
फ़क्र है मुझको उन दिलेर लोगों से
जो मानवता के लिए खाना देने जाते हैं,
कोई अपने का एहसास बहुत सालों बाद हुआ,
जब पूरा भारत ही अपना परिवार हुआ
आसमां भी आज कल हमको नीला दिखता है,
क्योंकि खुश है वो भी इस प्यारे से एहसास को देख कर,
क्योंकि खुश है वो भी इस प्यारे से एहसास को देख कर,
गुज़ारिश है ऐ मेरे वीरों इसको corono समाप्त होने पर
कम न करना,
कोरोना समाप्त होने पर समाप्त न होने देना।

मुझे अब उड़ने दो

इतना ऊँचा न सही,

मन जैसा करे करने दो, अब मुझे उड़ने दो,

माना ख़्वाहिशें मेरी, तुमसे हैं कुछ अलग,

मगर इन ख़्वाबों के परिंदों को चहकने तो दो,

माना सालों से पूरे न हो पाएँ हैं कुछ ख़्वाब,

आज उम्र को नज़रअंदाज़ करके,

उनको पूरा करने दो,

अब बहुत हुआ सोच विचार,

अब तो मुझे उड़ने दो।।

इंस्टा का ज़माना

कहने को तो मैं सब कह दूँ,
पर तुम सुनना कहाँ चाहते हो,
सुन के समझना,
और समझके समझाना,
ये दौर ही अलग था,
आज के कलयुग मैं तो तुम,
insta मेसेज पर insta रील बस फ़ॉरवर्ड करते हो!

दोस्त

दोस्त, दोस्त तब नहीं बनते
जब साथ हँस लेते हैं।
अक्सर दोस्ती के मुकाम
उन भीगी पलकों पे,
बिछे होते हैं,
जिन्हें दिन के उजालों में
हम मज़ाक़ उड़ा कर भुला दिया करते हैं।
ऐ दोस्त, ये यारी ऐसे ही बरकरार रखना,
ये यारी एसे ही बरकरार रखना,
क्योंकि एसे दोस्त हर दिन नहीं बनते
क्योंकि दोस्त जल्द नहीं बनते।।

अकेलापन

अक्सर मैं गुम हो जाता हूँ
उन बादलों मैं जो
आसमाँ में चलते देखते हैं,
सोचता हूँ,
क्या उनको मेरी तरह ही
कोई समझने वाला नहीं मिला,
जो फिर किसी की तलाश में,
निकल पड़े,
काश इन बादलों जैसे मैं भी,

बहता चला जाऊँ,
कुछ रिश्तों के बंधन से,
मैं भी आगे बढ़ जाऊँ,
काश इन बादलों जैसे मैं भी,
बहता चला जाऊँ।

बात अपनों की

जब बात खुशी की होती है,
तब याद अपनों की आती है..
जब दिल कुछ गम में होता है,
तब याद अपनों की होती है..
जब दिल खुशी से गुनगुनाता है,
तब बीते उन दिनों की
याद साथ लाता है,
जब-जब त्यौहार की बात आती है,
तब अपनों की याद बहुत आती है..
जब-जब भाई बहन को लेके मूवी लेकें जाते हैं,

तब भाई की याद बहुत आती है,
जब खीर की खुशबू पड़ोस से आती है,
तब माँ की याद ज़रूर आती है...
जब भाभी मुस्कुराके अपनी नन्द को ट्रेन में
see off करने आती हैं,
तब अपनी भाभी बच्चों संग याद आती हैं....
जब सिर पर हाथ रख लड़की आशीर्वाद को लेके
मुस्कुराती है, तब अपनों से बड़ों की याद आती है...
जब मेहँदी लगाके लड़कियाँ ऐसे इठलाती हैं,
तब अपनी बहनों, मित्रों की याद आती है ...
जब-जब घर से हम वापिस आते हैं,
तब अपनों की याद बहुत आती है...
मन कुछ यूँही खो जाता है...
जब बात अपनों की आती है।।

शोर

आज कल शोर बहुत है,

हर जगह,

अंदर की खामोशी कौन समझेगा,

आज कल ट्रैफिक बहुत है,

सड़कों पर,

शाम की सैर कौन समझेगा,

आज कल सेल्फ़ी बहुत है,

फ़ोन में,

उसको छोड़,

कुछ दिल से दिल की बातचीत कौन समझेगा,
आज कल शोर बहुत है हर जगह,
इस शोर को कौन समझेगा।

संभलना

मेहनत लगती है गिर के संभलने में,
हिम्मत लगती है अकेला चलने में,
जिगर चाहिए होता है ख़ुद के आसूँ
पोंछ के आगे बढ़ने में,
बिखरी हुए ज़िंदगी बटोर के आगे बसने में,
दिल में आशा की लौ जलाये रखना,
क्योंकि मुझे पता है ख़ुशी क्या होती है,
अपने सपनों को पूरा करने में॥

अक्सर

अक्सर खुश रहने लगी हूँ मैं,

चाहें मुश्किलें आएँ,

या मौसम बदले,

ज़िंदगी जीने लगी हूँ,

काफ़ी अरसे के बाद ये जीना आया है,

ज़िंदगी ज़िंदा दिलों की है,

इसलिए अब हर दम,

खुश रहने लगी हूँ,

मैं ॥

बेवजह

क्यों हम बेवजह फ़िज़ूल में परेशान होते हैं,
जो मायने नहीं रखते,
जो मायने नहीं रखते
तुम्हारी ख़ुशी और ग़म के एहसास,
क्यों हम बेवजह।।
माना मायने हम ख़ुद बना लेते हैं,
माना मायने हम ख़ुद बना लेते हैं,
जब दिल टूटने लगते हैं, तभी अक्सर
मायने बदलने लगते हैं,
क्यों फिर हम बेवजह फ़िज़ूल में परेशान होते हैं।।

दोस्ताना

दोस्त वो जो ज़िंदगी की भागदौड़ में,
कुछ ख्यालों को विराम् दे दे,
जो कुछ पल साथ बैठ कर ही,
सुकून से दिल-ओ-दिमाग
में चलती कश्मकश को दूर कर दे,
ज़िंदगी तो यूँ ही गुज़री जा रही है,
दफ़्तर के इन पाँच दिनों में,
दोस्त वही है जो,
ज़िंदगी के वो दो दिन,
ख़ुशनुमा कर दे।

रंजिशें

प्यार और अहसास कब रंजिशों में बदल जाती हैं,

छोटी सी घटना कैसे चोट पहुँचा जाती है,

कुछ रंजिशें काफ़ी हैं आगे बढ़ने के लिए,

कुछ रंजिशें काफ़ी हैं आगे बढ़ने के लिए,

और कुछ नज़र अन्दाज़ करके जलाने के लिए,

चोट जब शरीर पर लगे तो दर्द होता है,

जब वार जीत से हो,

तो जश्न कुछ और होता है,

प्यार, एहसास और रंजिशें कुछ ऐसा ही करती हैं।

अक्स

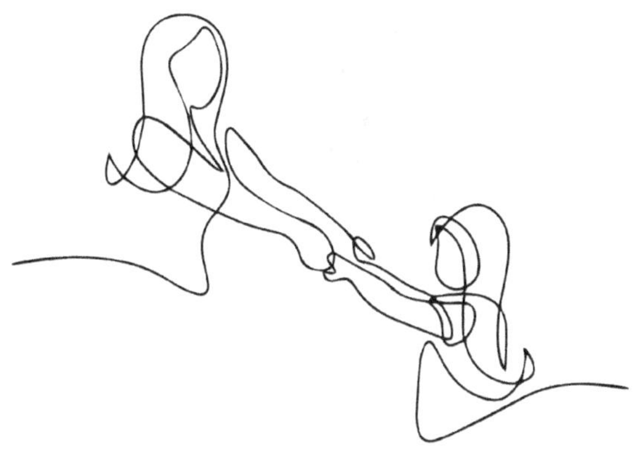

अक्सर तुम्हें देख कर ख़ुद को भूल जाती हूँ,

कभी कोई जहाँ में ऐसा ख़ूबसूरत भी हुआ है,

खो जाती हूँ मैं तुम्हारी आँखों में जब

उनमें अपना ही अक्स दिखता है,

भूल गई ख़ुद को मैं,

जबसे मैंने तुम में ख़ुद को देखा है,

मेरा अक्स ही तो है तू,

जो नन्हे कदमों से मेरे दिल में उतर गई,

अब क्या बताऊँ तुम्हें, मैंने माँ बनके,

अपने बचपन के अक्स को देखा है।

वक़्त

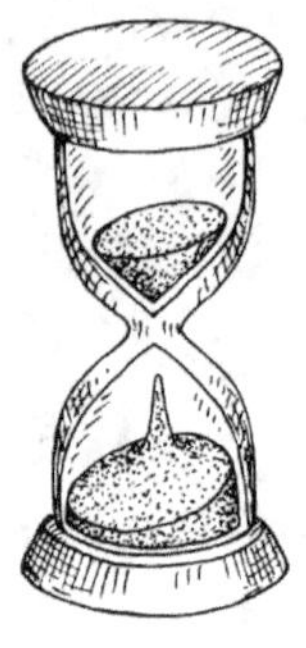

वक़्त के परिंदे बड़े हैं वफ़ादार,
वक़्त से चला करते हैं,
वक़्त न धीरे न तेज़,
बस वक़्त से चलता है,
वक़्त बे वक़्त हमें याद कर लिया कीजिए,
क्योंकि वक़्त को बदलते वक़्त नहीं लगता।
वक़्त वक़्त की बात है,
वरना हम भी हर वक़्त एसे,
विचलित नहीं रहते,
वक़्त मेरा वक़्त ही बतायेगा,
जो मुझे देख मसरूफ़ होने का,
बहाने दिये, वक़्त न देते थे।

संसार

संसार है एक नदिया, दुख सुख दो किनारे हैं,

न जाने कहाँ जाएं हम बहती धारा है,

बहते हुए जीवन की रफ़्तार में बह लिए हैं,

इस राग में, इस सुरमई संसार की शय है,

धरती पे अंबर की ये बूँदे बरसती हैं,

एक रोज़ यही बूँदे धरती को बदल जाती हैं,

इस बनने बिगड़ने के दस्तूर में,

ये कुछ कहानी कह जाती है,

ये कुछ कहानी कह जाती हैं ।

इश्क़ - फ़ितूर

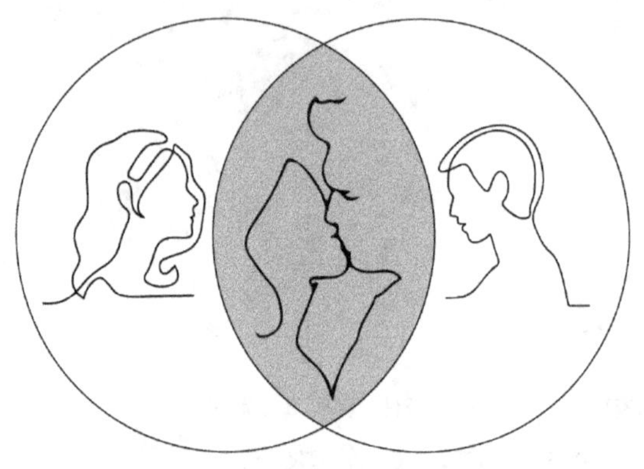

माना कि आप दिल से हमें भूल जाएँ,

अफ़साने दोस्ती के मगर याद ज़रूर आयेंगे,

मगर उम्मीद ये नहीं थी कि यूँ दिल दुखाओगे,

माना हँसके कुछ दिल के धोखे दिये आपने,

अब आप ही बताएँ विश्वास अब किस पर करें!

दिल में किसी की राह देखे जा रही हूँ मैं,

कितना हसीं गुनाह किए जा रही हूँ मैं।।

गुलशन परस्त हूँ मुझे गम ही नहीं अज़ीज़,

काटों से भी निषह किये जा रही हूँ मैं।

यूँ ज़िंदगी गुज़ार रही हूँ तेरे बग़ैर

जैसे कोई गुनाह किये जा रही हूँ मैं।

ज़िंदगी एक आस

था एक इंतज़ार सुबह होने का इसी आस में बैठा रहता था,
पर जब रात इतनी देर तक खिंचती रही तो इस रात से ही
प्यार कर लिया।
था एक शौक़ ज़माने को जीतने का,
मेहनत भी की सबको हराने की,
पर जब हार मिली और मिलती ही गई तो इस हारने ही
प्यार कर लिया।
थी उम्मीद एक इकरार की,

था भरोसा अपनी सच्चाई का

पर जब इंकार मिला तो इस इनकार से ही प्यार कर लिया

शायद ये प्रवचन आपने सुनो हो "तुम क्या लाए थे,

जो तुमने खो दिया" अरे लेने ही तो आये थे जो नहीं मिला है,

और उसी "मिलने" को ही तो मैंने खो दिया...

शायद ये दुनिया ही एक रेगिस्तान है और मैं इस में भटक चुका हूँ...

हाँ, कभी-कभी कुछ किरणें ज़रूर जल उठती हैं...

और किसी मृगतृष्णा की तरह धोखा देके बुझ जाती हैं,

तो आज मैंने इन जलती-बुझती किरणों से भी प्यार कर लिया।

परछाई

जैसे गर्भ में नारी और बच्चा,

जैसे सूरज के साथ उसकी किरणें,

जैसे आसमाँ और बादल,

जैसे ख़ुशी के साथ दुख,

जैसे माँ और उसकी दुआएँ

जैसे इंसान और उसकी परछाई,

वैसे ही परछाई बन कर,

तुम हर दम मेरे साथ चली हो,

जब चलना हुआ मुश्किल तो,

दिल थाम कर हर दम,

दिल के दिल से जुड़ी हो,

मैं नहीं मानती कि तुम कहीं दूर हो,

मेरे लिये तो तुम अब भी,

दुआयें बन कर,

परछाई के जैसे हर दम साथ चलती हो,

कौन कहेगा मेरी माँ नहीं, नहीं है,

जब तुम हर कदम,

अब भी मुझको,

मुश्किलों से बचा लेती हो,

ऐ दोस्त, ज़रूरी नहीं किसी का

पास होना,

ज़रूरी नहीं किसी का पास होना,

इस कलयुग में तो लोग

पास होके भी दूर हैं,

पास होके भी दूर हैं,

परछाई तेरी, ख़याल मेरा,

हर दम रखती है,

कौन मानेगा तुम नहीं हो

जब तुम हर दम मेरी मुस्कुराहटों में

झलकती हो।

ऐ वक़्त

ऐ वक़्त, थम जा ज़रा
कुछ पल अपनों के साथ बिता लूँ,
कुछ बेफिक्र से पल...
कुछ पल सिर्फ़ अपने साथ बिता लूँ,
कुछ पल ख़ुद को भी समझ लूँ
ऐ वक़्त तू फिसला जा रहा है रेत सा,
थम जा ज़रा आज कुछ ऐसे,
कुछ पल आज इस प्रकृति को आँखों में भर लूँ
कुच पल इसको अपनी यादों में रख लूँ,
कुछ पल अपनों से दिल के जज़्बात कह दूँ...
खामोशी से ... एहसास से...
ऐ वक़्त !

नाराज़

नाराज़ न होना मेरे खरा बोलने से,
नाराज़ न होना मेरे लहज़े से,
नीयत और दिल दोनों साफ़ हैं मेरे,
नीयत और दिल दोनों साफ़ हैं मेरे,
ये बनावटी दुनिया को ज़रा
ग़ौर से तो देखो,
हर कोई एक चेहरा छुपाता दिख जायेगा,
मुश्किल से मिलते हैं एसे लोग,
मुश्किल से मिलते हैं एसे लोग,
जो तुम्हारी ख़ुशी में ख़ुश हों,
अब बहुत हुआ यार, चलो,
कुछ नाराज़गी अब कल के लिए छोड़ो।

माना कि हम यार नहीं

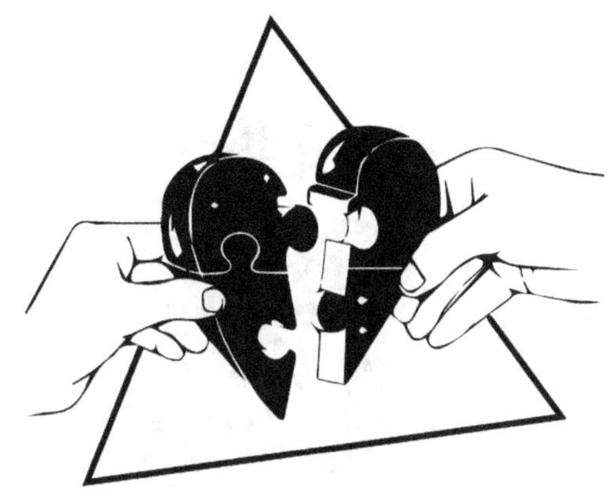

कुछ सदियों पुरानी जैसे कोई दोस्त की याद आई हो...
मिले हम कुछ पल मगर जैसे सदियों के बाद ये रात आई
हो...
कुछ पल हमेशा मुस्कुराने की वजह बन जाते हैं
काश वो रात फिर से आज आई हो...
माना हम यार नहीं इसका मतलब ये तो नहीं कि प्यार
नहीं...

फिर वही रात है

फिर वही रात है...
फिर वही बात है...
फिर वही ख़ामोशी...
फिर वही पुरानी यादें...
काश तुम सामने, हाथों में हाथ लेते,
यही सोच कर
आज कल रात को नींद नहीं आती
क्या करें कुछ पुराने ख़याल ले जाते हैं,
उन यादों में,
जब हमको रात में नींद नहीं आती,
फिर वही रात है...
जब तुम्हारे ख़यालों में
डूब कर हमको नींद नहीं आती।।

बंधन

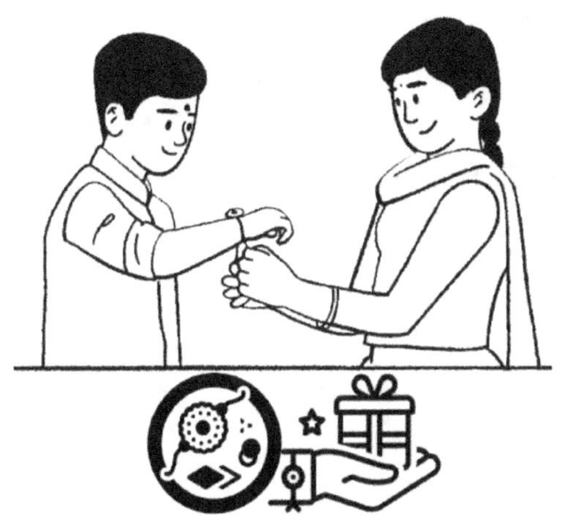

रक्षा तो हम ख़ुदसे अपनी कर सकते हैं,

केवल त्योहार के नाम पर हमको विश मत करो,

कुछ भावनाएँ हैं इस त्योहार में,

मगर केवल व्हाट्सएप पर मनाना सीख रही हूँ मैं,

आज कल भाई मेरे बहुत व्यस्त रहते हैं,

इसलिए, ख़ुद को राखी बांध और घेवर खा,

ख़ुद को तोहफ़ा देकर,

त्योहार मनाना सीख रही हूँ मैं,

रक्षा, हमारी भाई कब करेगा,

ख़ुद अपनी रक्षा करना सीख गई हूँ मैं,

रक्षाबंधन का अर्थ माँ ने ही खूब सिखाया था,

मगर अब, नई परिभाषा याद कर रही हूँ मैं,
रक्षाबंधन: आह! एक छुट्टी!
सोच कर छुट्टी का लुत्फ़ ले रही हूँ मैं,
तुम्हें राखी भेज कर,
चलो कुछ क्षण ही रक्षाबंधन मना रही हूँ मैं,
रक्षा अपनी काफ़ी सालों से ख़ुद कर रही हूँ मैं,
काश किसी एक साल,
भाई ने भी पूछ लिया होता,
बहन, रक्षाबंधन कैसे मना रही हो इस बार,
आँखें भर आती मेरी क्योंकि
भाई होने का गुरूर मना रही हूँ मैं,
रक्षाबंधन मना रही हूँ मैं ।

क्या बात है!

सगा, सौतेला बोलने से ज़्यादा,
महसूस करने की बात है,
सौतेली माँ, सौतेला बाप,
कहने-सुनने में अटपटा
लगता है,
फिर जिसको बोला जाता है,
उसको कौनसा अच्छा लगता है?
हमारी नज़र में तो,
सौतेली माँ ने ज़्यादा

कमबख़्त रिश्तेदारों ने सौतेला
व्यवहार किया है,
अब आप ही बताइये,
किसको कहें सौतेला? किसको अपना?
और ज़रा
ये ग़ौर फ़रमाइये,
केवल बोलने से ही इतना फ़र्क़ है,
तो क्यों न 'सौतेला' नाम को ही,
आज बदल कर,
रिश्तों को अपना बना लें,
अपना बना लें।

एहसास

ख़ुशी का एहसास तब होता है,

जब ग़म में वही, ख़ुशी के पल याद करते हैं,

दर्द का एहसास तब होता है,

जब अपने बच्चे को परेशान देखते हो,

प्यार का एहसास तब होता है,

जब उसकी एक झलक के लिए,

पूरा दिन इंतज़ार करते हो,

बेबसी का एहसास तब होता है,

जब अपनों को ज़िंदगी से रुख़्सत होता

देखते हो,

अभी भी वक़्त है कुछ कर गुज़रने का,

क्योंकि पछतावा तब होता है जब मौक़ा हाथ से

निकल जाता है ।

किताब

ये किताब सब पढ़ते हैं,

कुछ पढ़ के वापस पढ़ना चाहते हैं,

कुछ, कुछ दूसरों का देखा देख,

पढ़ना चाहते हैं,

जो भी कहो सब इस इश्क़

की किताब को पढ़ना चाहते हैं,

कुछ ख़ुद से...

कुछ दूसरों से पढ़वाये जा रहें हैं।

ढल जाओ

हर पल हर ढंग में तुम ढल जाओ,

ठंडे से गर्म, गर्म से ठंड हो जाओ,

कभी सोचता हूँ पाने के विश्वास को,

जिस ओर मन चाहिए उस ओर ये ढल जाये,

ऐ इश्क़ में रहने वालों मेरे दोस्त,

इश्क़ में ये उम्मीद मत रखना,

ढलने से पहले ख़ुद ढालना सीखना,

इश्क़ वह नहीं जो बोल के हो जाये,

ये तो आँखों और स्वभाव से, जज़्बात की बात है,

जिस में अक्सर लोग ख़ुद,

ढल जाएँ, ख़ुद ढल जाएँ

और दिल जीत लिया करते हैं।।

उम्र

पालने से व्हील चेयर तक का सफ़र कुछ ऐसा होता है,
जो हो बच्चा स्ट्रोलर में तो बड़ी ख़ुशियाँ लता है,
वही चंद सालों में व्हील चेयर बड़ी कष्टदायक होती है,
ये सफ़र बड़ी ख़ुशी से बिताना,
पल भर में ही स्ट्रोलर से गाड़ी बदल कर व्हील चेयर हो
जाती है,
लोग समझ भी नहीं पाते
और उम्र निकल जाती है,
उम्र निकल जाती है।।

www.ingramcontent.com/pod-product-compliance
Lightning Source LLC
LaVergne TN
LVHW041234200726

843507LV00013B/2690